BEI GRIN MACHT SICH IHR WISSEN BEZAHLT

- Wir veröffentlichen Ihre Hausarbeit, Bachelor- und Masterarbeit

- Ihr eigenes eBook und Buch - weltweit in allen wichtigen Shops

- Verdienen Sie an jedem Verkauf

Jetzt bei www.GRIN.com hochladen und kostenlos publizieren

Qualitative Datenanalyse. Künstliche Intelligenz. Maschinenethik

GRIN ☺

Bibliografische Information der Deutschen Nationalbibliothek:

Die Deutsche Nationalbibliothek verzeichnet diese Publikation in der Deutschen Nationalbibliografie; detaillierte bibliografische Daten sind im Internet über http://dnb.d-nb.de abrufbar.

ISBN: 9783346984883
Dieses Buch ist auch als E-Book erhältlich.

Druck und Bindung: Books on Demand GmbH, Norderstedt Germany
Gedruckt auf säurefreiem Papier aus verantwortungsvollen Quellen

Das vorliegende Werk wurde sorgfältig erarbeitet. Dennoch übernehmen Autoren und Verlag für die Richtigkeit von Angaben, Hinweisen, Links und Ratschlägen sowie eventuelle Druckfehler keine Haftung.

Das Buch bei GRIN: https://www.grin.com/document/1431809

Projektprüfung

Qualitative Datenanalyse
Alternative C

abgegeben am 15. Juni 2022 über den Online Campus der SRH Riedlingen.

Tabellenverzeichnis

Abkürzungsverzeichnis

AI	Artificial Intelligence
AM	Artificial Morality
KI	Künstliche Intelligenz

Inhaltsverzeichnis

1. Einleitung

In der heutigen Zeit gewinnt das Thema „Künstliche Intelligenz" immer mehr an Bedeutung und findet sich bereits in vielen alltäglichen Situationen. Nicht nur Apple´s Sprach-
assistent Siri und verschiedene Smart-Home-Applikationen, sondern auch personali-
sierte Werbeanzeigen auf Social-Media-Plattformen und Fahrassistenzsysteme wie Ab-
standsregler oder Schildererkennung sind ein Teil davon. Jeder dieser Anwendungsbei-
spiele ist eine Form von künstlicher Intelligenz. Durch das selbstständige Adaptieren und
Erlernen von Algorithmen sind diese Maschinen bereits teilweise in der Lage, bestimmte
Aktionen eigenständig auszuführen, man spricht dabei von Machine Learning.[1] In Bezug
auf das selbstständige Treffen von Entscheidungen durch künstliche Intelligenz stellen
sich Wissenschaftler und Kritiker die Frage, ob Maschinen in bestimmten Anwendungs-
fällen auch moralische Entscheidungen treffen können. Wenn Menschen moralische
Entscheidungen treffen, dann sind diese von der Situation und den Umständen sowie
der subjektiven Urteilsfähigkeit der Person abhängig. Ob Maschinen je nach Situation
verschieden und moralisch handeln können und sollen muss erst untersucht werden,
dazu müssen die Chancen und Risiken gegeneinander abgewogen werden. Künstliche
Intelligenz hat jedoch nicht nur einen immer größeren Einfluss auf das tägliche Leben,
sondern auch auf die Politik und Wirtschaft. Eine Umfrage des Branchenverband Bitkom
e.V. aus dem Jahr 2018 zeigt, dass bereits 66% der deutschen Bürger die Ansicht ver-
treten, dass künstliche Intelligenz in den nächsten zehn Jahren einen spürbaren Einfluss
auf die Gesellschaft haben wird.[2] Und auch die deutsche Bundesregierung zeigt bei-
spielhaft mit ihren geplanten Investitionen von fünf Mrd. Euro bis 2025 in die Umsetzung
einer KI-Strategie zur Stärkung des Landes als KI-Standort das Ausmaß und Interesse
hinsichtlich dieser Thematik.[3]

Die Möglichkeiten, Grenzen und Gefahren von künstlicher Intelligenz werden in den
nächsten Jahren jeden beschäftigen. Neben der moralischen Frage stellt sich auch die
Frage, wie KI entwickelt und ausgeschöpft werden kann und wie mit gesellschaftlichen
Bedenken und möglichen Gefahren umgegangen werden kann. Insbesondere sehen
viele Menschen ihre Arbeitskraft gefährdet und manche sogar die gesamte Existenz der
Menschheit.[4] Dies unterstreicht die Wichtigkeit und Dringlichkeit der Auseinandersetzung mit dem Thema „Künstliche Intelligenz".

---

[1] Vgl. Luber (2016).
[2] Vgl. Bitkom (2018), S. 12.
[3] Vgl. Bundesministerium für Bildung und Forschung (2022).
[4] Vgl. Bitkom (2017), S. 89, 100; Gurkaynak/ Yilmaz/ Haksever (2016), S. 749.

6

1.1 Problemstellung

Die vorliegende Arbeit beschäftigt sich mit der Forschung und Entwicklung im Bereich der KI. Aufgrund dieses sehr umfassenden Themengebietes wird dabei ein besonderer Fokus auf den Bereich Maschinenethik gelegt, welcher tiefgehender beleuchtet wird. Maschinenethik beschäftigt sich mit ethischen Fragestellungen bezüglich autonomer Maschinen mit moralischen Fähigkeiten und deren Konturierung und befindet sich demnach in einem Überlagerungsbereich der wissenschaftlichen Forschung künstlicher Intelligenz, sowie der Debatte der ethischen Einflussfaktoren, woraus sich ethische Fragestellungen ergeben. Die Arbeit nimmt Bezug auf die Frage, wie viel moralische Entscheidungsfreiheit eine Maschine haben sollte und ob die Chancen, den Risiken überwiegen können. Diese Fragen werden mit Hilfe einer Dokumentenanalyse des im Jahr 2018 in der Zeitschrift „Aus Politik und Zeitgeschichte" veröffentlichten Textbeitrags „Maschinenethik und „Artificial Morality": Können Maschinen moralisch handeln?" untersucht.

1.2 Zielsetzung und Aufbau der Arbeit

Das Ziel dieser Arbeit liegt in der Beantwortung der aus dem theoretischen Teil abgeleiteten Forschungsfragen mit Hilfe der Dokumentenanalyse des o.g. Textes. Dazu wird im zweiten Kapitel, dem theoretischen Teil der Arbeit, zunächst der Forschungsgegenstand dargelegt, um die Forschungsgrundlage zu schaffen. Diese Grundlage wird über die Darstellung des aktuellen Standes der wissenschaftlichen Forschung, theoretische Modelle und die Definition und Grundlagen der Themenbereiche „Künstliche Intelligenz", „Maschinenethik" und „Künstliche Moral" erfolgen. Aus den theoretischen Grundlagen werden dann die Forschungsfragen abgeleitet anhand derer die Auswertung der inhaltlichen Analyse des Textes erfolgen. Darauf folgt Kapitel drei, der Methodische Teil, indem das methodische Vorgehen zur Erarbeitung der Analyse dargelegt wird. Dabei erfolgten zunächst eine Beschreibung und Begründung der angewendeten Methode sowie eine Beschreibung des zu untersuchenden Textbeitrags. Anschließend wird das Kategorienschema mit seinen Haupt- und Subkategorien aufgezeigt. In Kapitel vier werden die Ergebnisse der qualitativen Inhaltsanalyse dargestellt, in dem die einzelnen Kategorien betrachtet werden. Im fünften Kapitel werden diese Ergebnisse aufgegriffen und kritisch diskutiert. Weiterhin erfolgt eine Reflexion der Vorgehensweise und der Einhaltung der Gütekriterien einer qualitativen Analyse. In Kapitel sechs schließt die Arbeit mit einem Fazit und einem Ausblick ab.

2. Theoretischer Teil

2.1 Definition und Hintergründe künstlicher Intelligenz (KI)

Auch wenn der Einsatz von künstlicher Intelligenz erst in den letzten Jahren präsenter geworden ist, so liegt der Ursprung bereits im Jahr 1950, in dem der Mathematiker Alan Turing den nach ihm benannten Turing-Test entwarf. Dieser Test galt als bestanden, wenn eine Versuchsperson mit einem Menschen und einer Maschine kommuniziert, ohne diese zu sehen und nicht feststellen kann, ob sie mit dem Menschen oder der Maschine kommuniziert.[5] Als Geburtsstunde der künstlichen Intelligenz gilt jedoch das „Summer Research Project on Artificial Intelligence" aus dem Jahr 1956, das am Darthmouth College in New Hampshire durchgeführt wurde.[6] John McCarthy prägte und popularisierte auf dieser Forschungskonferenz den noch heute gültigen Begriff „Artificial Intelligence".[7] Aufgrund von fehlender Rechenstärke der damaligen Computer ging die Entwicklung von künstlicher Intelligenz nur langsam voran und ein großer Durchbruch blieb daher aus. Erst seit den 1970er Jahren begannen intensivere Bemühungen um reale Einsatzmöglichkeiten von künstlicher Intelligenz, wobei auch mit den seitdem steigenden technischen Kapazitäten und Investitionen in das Thema immer größere Erfolge verzeichnet werden konnten.[8] In der heutigen Zeit investieren viele Großkonzerne enorme Summen in die Entwicklung künstlicher Intelligenz, weil sie sich durch die hohen Rechenkapazitäten und Möglichkeiten großer Datenverarbeitung sehr ausgereifte Anwendungsmöglichkeiten und damit Wettbewerbsvorteile erwarten.[9]

Der Ausdruck „Künstliche Intelligenz" besteht aus den Begriffen „Künstlich" und „Intelligenz". Künstlich bedeutet so viel wie, nicht natürlich oder unecht, aber auch natürliche Vorgänge nachahmend oder nachgebildet mit chemischen und/ oder technischen Mitteln. Für den Begriff „Intelligenz" finden sich zahlreiche verschiedene Definitionen in der Literatur, weshalb keine einheitlich gültige Definition dargelegt werden kann. Es werden daher verschiedene Quellen herangezogen, die unterschiedliche Aspekte in ihrer Definition verarbeiten.[10] Der Begriff „Intelligenz" stammt aus dem Lateinischen und bedeutet so viel wie „verstehen". Intelligenz lässt sich grundlegend als die kognitive Leistungsfähigkeit eines Menschen beschreiben, also die Fähigkeit zu lernen, zu verstehen und auf

---

[5] Vgl. Mainzer (2019), S. 10.
[6] Vgl. Buxmann (2019), S. 3.
[7] Vgl. Scarcello (2019), S. 287.
[8] Vgl. Manhart (2022).
[9] Vgl. Manhart (2022).
[10] Vgl. Buxmann & Schmidt (2018), S. 6; Kaplan (2017), S. 15, 19.

dieser Basis Entscheidungen zu treffen, um komplexe Probleme zu lösen, indem sie auch in Beziehung zueinander gebracht werden.[11]

Allgemein gesprochen wird KI als Versuch dargestellt, menschenähnliche Intelligenz bzw. die Fähigkeiten des menschlichen Gehirns mit den Ressourcen von Computern zu rekonstruieren.[12] KI soll demnach in der Lage sein, verschiedene Aspekte menschlichen Verhaltens zu imitieren und dadurch menschlich zu handeln, ohne menschlich zu sein.[13] Als eine der gängigsten Definitionen gilt die von Elaine Rich: „Artificial Intelligence (AI) is the study of how to make computers do things which, at the moment, people do better."[14] Innerhalb der verschiedenen Definitionen herrscht zumindest Einigkeit darüber, dass KI-Systeme menschliches Handeln und Denken simulieren, um Probleme lösen zu können. Heute zählt sie als Teilbereich der Informatik und versucht menschliche Verhaltensweisen, insbesondere die Problemlösungsfähigkeit, nachzubauen, um dadurch neue und effizientere Lösungsmöglichkeiten zu entwickeln.[15]

In der Literatur wird KI häufig in eine schwache und starke Form differenziert.[16] Bei einer schwachen KI ist das Aufgabenfeld auf einen gewissen Anwendungsbereich begrenzt. Diese Form der KI reicht in begrenzten Teilbereichen in der Anwendung schon heute an die menschliche Intelligenz heran. Der KI ist es dabei jedoch nicht möglich ein tieferes Verständnis für die Lösung des Problems zu entwickeln. Als Beispiele können hier Spracherkennungssoftware und Navigationssysteme genannt werden. Eine starke KI ist nach heutigem Stand aufgrund der Komplexität des menschlichen Gehirns eine Utopie und sollte in der Lage sein alle Leistungen des menschlichen Gehirns abzubilden bzw. zu simulieren. Das würden menschliche Fähigkeiten wie Selbstreflektion, Lernfähigkeit, ein eigener Wille, Identitätsbildung und eigene Moralvorstellungen bedeuten.[17] Ob jemals die Möglichkeit der Entwicklung einer starken KI besteht, wird in der Literatur bisher ohne Einigkeit diskutiert.

---

[11] Vgl. Akerkar (2019), S. 4; Meinzer (2016), S. 3; Scherk/ Pöchhacker-Tröscher/ Wagner (2017), S. 12; Stern/ Neubauer (2013), S. 48.
[12] Vgl. Kaplan (2017), S. 15.
[13] Vgl. Gentsch (2019), S. 18.
[14] Vgl. Rich/ Knight/ Nair (2019), S. 3.
[15] Vgl. Lämmel/ Cleve (2012), S. 13.
[16] Vgl. Buxmann & Schmidt (2018), S. 6.
[17] Vgl. Buxmann & Schmift (2018), S. 6; Kaplan (2017), S. 23; Wang (2007), S. 44.

2.2 Definition und Grundlagen von Maschinenethik und künstlicher Moral

Um den Begriff Maschinenethik und den Ausdruck künstliche Moral erklären zu können, müssen zuerst die Begriffe Ethik und Moral definiert werden, um diese anschließend in einen Kontext mit Maschinen bringen zu können.

Das Wort „Ethik" leitet sich aus dem griechischen Wort „Ethos" ab und bedeutet so viel wie „Sitte, Brauch, Gewohnheit". Ein Handeln nach allgemein anerkannten Normen kann demnach als „ethisch" angesehen werden. Enger gefasst und eigentlich ethisch handelt aber nicht der, der lediglich regelkonform agiert, sondern der, der aus Überlegung und Einsicht in jeder Situation das Richtige tut. Dieses als „richtig" erkannte wird durch gezielte und wiederholte Einübung zu einer Charakterart und Denkweise. Aristoteles verwendete den Begriff „Ethik" für eine Art des philosophischen Denkens und war überzeugt, dass Menschen sich in ihrem Handeln nicht einfach an Normen und Wertvorstellungen orientieren, sondern diese kritisch hinterfragen und unter Umständen revidieren sollten.[18]

Der Begriff „Moral" stammt aus dem lateinischen und bedeutet so viel wie „Sitte".[19] Er fungiert als System, das sich aus Überzeugungen und Werten sowie den Urteilen über richtig und falsch in Bezug auf menschliches Handeln zusammensetzt.[20] Dabei ergibt sich jedoch die Schwierigkeit, dass nicht immer deutlich wird, was richtig oder falsch ist. Wenn die Werte und angewandten Regeln dem Wohle der Gesamtheit zugutekommen und vom Handeln anderer betroffene Menschen schützen sollen, so spricht man von Moral.[21] Im Alltag wird die Moral oft als Synonym für Ethik verwendet. Moral bewertet allerdings die Handlung, Zustände oder Haltungen nach Maßstäben, wie Wertorientierungen, Sinn-Vorstellungen, Sitten, Gebräuchen oder Prinzipien.[22] Die Ethik bezieht sich auf die der Moral zugrundeliegenden Prinzipien, Tugenden, Werte und Normen und bildet damit die Theorie der Moral.[23]

Die Moralfähigkeit von Maschinen wird heiß diskutiert, denn sie haben weder Empathie noch im engeren Sinne einen freien Willen. Sie haben lediglich Menschen, die ihnen Regeln auferlegen und die Möglichkeit Verhaltensweisen zu erlenen. Auch wenn Sitte

---

[18] Vgl. Fenner (2020), S. 16-17.
[19] Vgl. Duden (2022).
[20] Vgl. Gerrig/ Graf/ Zimbardo (2013), S. 406.
[21] Vgl. Horster (2007), S. 7.
[22] Vgl. Hesseler (2011), S. 5.
[23] Vgl. Pauer-Studer (2020), S. 14.

und Moral ein weites Feld sind, so sehen es viele als unproblematisch an diese auf Maschinen zu übertragen.[24]

Eine Maschinenethik würde es Maschinen ermöglichen, moralisch zu handeln und auf moralischer Ebene Entscheidungen zu treffen. Die Entwicklung moralischer „Agenten" gewinnt immer mehr an Bedeutung, weil auch Maschinen immer autonomer handeln sollen. Diese moralischen Agenten bilden keinen Ersatz für moralische Verantwortung des Anwenders, sie erleichtern lediglich die ethische Nutzung der Maschine, sofern eine Sensibilität für ethische Verhaltensweisen innerhalb der Software geschaffen ist.[25] Die künstliche Moral, auch Artificial Morality (AM) genannt, verfolgt das Ziel, künstlichen Systemen die Fähigkeit zu verleihen, moralische Entscheidungen zu treffen und moralisch zu handeln. Dabei sollen Computer so programmiert werden, dass sie moralische Entscheidungen treffen.[26] So stellt sich beispielsweise bei einem Saugroboter die Frage, ob dieser eine Spinne einsaugen soll und damit tötet, oder die Spinne überleben lassen soll. Da der Sauger nur in einem begrenzten Rahmen agieren kann, ist er als autonom anzusehen. Mittlerweile gibt es erste Ansätze Saugroboter so zu konzipieren, dass sie das Leben von Insekten berücksichtigen.[27] Es gilt jedoch anzumerken, dass es einer Definition von ethischen Normen bedarf, auf deren Grundlage eine KI Entscheidungen treffen kann. Dass die Frage um eine solche Definition sehr komplex ist, zeigt sich an der seit 2.500 Jahren andauernden Auseinandersetzung mit Moral und Ethik. Unterschiedliche Präferenzen von Individuen, kulturelle Prägungen und Vorstellungen erschweren eine allgemeingültige Definition von Moral.[28]

In Anbetracht der zukünftigen Entwicklung, wird eine Überwachung von KI-Systemen durch Menschen nicht mehr möglich sein. Gefahren und Risikofaktoren sollen eliminiert werden, weshalb Entscheidungen zukünftig nicht auf Rückfrage mit Menschen getroffen werden können. Dies verursacht eine unumgängliche Entwicklung dahin, dass Maschinen lernen, selbst ethische Entscheidungen zu treffen und nach diesen zu handeln. Nach dem aktuellen Stand der Wissenschaft ist es KI-Systemen bereits erlaubt ethische Verhaltensmuster zu erkennen und nachzubilden, allerdings fehlt ihnen der freie Wille und ein Bewusstsein, um ganzheitlich agieren zu können. Die voranschreitende Entwicklung führt jedoch dazu, dass KI zunehmend die Gesellschaft mit ihren Werten und Normen abbilden kann.[29] Es lässt sich zwar bezweifeln, dass eine Maschine ein echtes

---

[24] Vgl. Bendel (2014), S. 238.
[25] Vgl. Allen/ Smit/ Wallach (2005), S. 149.
[26] Vgl. Misselhorn (2019), S. 31.
[27] Vgl. Misselhorn (2019), S. 32.
[28] Vgl. Enste/ Wildner (2015), S. 17.
[29] Vgl. Stubbe/ Wessels/ Zinke (2019), S. 244.

Subjekt der Moral ist, da es sich sozusagen um eine menschengemachte Moral handelt. Allerdings sollte dabei berücksichtigt werden, dass die Autonomie einer Maschine dazu führen kann, dass sie Entscheidungen ohne Rücksprache mit Menschen treffen muss und die moralischen Implikationen mancher ihrer Handlungen sehen. Daneben gilt es zu erwähnen, dass sich selbstlernende Maschinen weit von den Vorstellungen ihrer Schöpfer entfernen können.[30]

Deshalb ist in diesem Zusammenhang die moralische Entwicklung auf Basis des moralischen Urteils ein zentraler Aspekt. Woran der Mensch festlegt, was für ihn richtig oder falsch ist, wird als moralische Urteilsfähigkeit bezeichnet, mit derer die Regeln innerhalb einer Gesellschaft als moralisch akzeptabel festgelegt werden. Einer der wichtigsten Begründer des moralischen Urteils ist Lawrence Kohlberg, dessen Ansatz hauptsächlich auf Theorien von Piaget basiert, welcher schon im Jahre 1932 erste Untersuchungen zur Entwicklung moralischen Urteilvermögens durchführte.[31] Piaget stellte bereits damals fest, dass die Entwicklung des moralischen Urteilsvermögens mit der kognitiven Entwicklung innerhalb der Kindheit zusammenhängt und vertritt die Meinung, dass diese Entwicklung im frühen Jugendalter beendet ist. Ab diesem Zeitpunkt herrscht gemäß Piaget eine autonome Moral vor. Im Umkehrschluss würde dies bedeuten, dass ein Mensch ab diesem Zeitpunkt andere Menschen nur noch so behandelt, wie er selbst gerne behandelt werden möchte und dabei Urteile, Fairness und Handlungsmotive berücksichtigt. Kohlbergs Ansatz beruht auf dieser Theorie, erweitert diese jedoch durch die Bildung von Stufen für moralische Entwicklung. Er fokussiert sich dabei nicht nur auf das Kindesalter, sondern betrachtet die gesamte Lebensdauer.[32] Die einzelnen Stufen sollen an dieser Stelle jedoch nicht genauer betrachtet werden, dies würde den Rahmen der Arbeit sprengen.

In Bezug auf die wirtschaftliche Bedeutung von KI lässt sich sagen, dass ihre Vorteile derzeit vor allem in ihrer Skalierbarkeit und kontinuierlichen Verbesserungsfähigkeit liegen, die zu Kostensenkungen, Produktivitätssteigerungen und Reduzierung menschlicher Fehler beitragen kann.[33] Und auch im Bereich der Pflege ist die Bedeutung von KI von großer Bedeutung. Sie ersetzen nicht nur menschliches Personal, sondern ihre Baukosten sind zugleich gering. Manche Roboter dienen der Unterhaltung und Zuwendung, andere holen Lebensmittel und Medikamente oder Überwachen den Patienten. Oft sind

---

[30] Vgl. Bendel (2014), S. 238-239.
[31] Vgl. Gerrig/ Graf/ Zimbardo (2013), S. 406.
[32] Vgl. Gerrig/ Graf/ Zimbardo (2013), S. 406.
[33] Vgl. Akerkar (2019), S. 6.

sie bereits teilweise autonom in privaten Räumen oder Krankenzimmern präsent und ihr Bedarf steigt erheblich.[34]

Hinsichtlich der Gefahren stellt sich die Frage, inwieweit und entlang welcher Kriterien im Zusammenspiel von Menschen und Maschinen kontrollierend agiert wird. Also in welchem Ausmaß die Verantwortlichkeiten eines Menschen an eine Maschine übertragen werden sollten. Dabei stellt sich im Kern die Frage, ob der Einsatz künstlicher Intelligenz einen Unterschied zu deren Nicht-Einsatz macht und bis zu welchem Grad autonomen Entscheidens der Einsatz von KI einen Unterschied macht.[35] Als Beispiel können hier autonome Waffen genannt werden.

Es stellt sich zudem die Frage, inwieweit die autonome Entscheidungsfindung ausgebaut werden soll, denn künstliche Intelligenz agiert bereits zunehmend autonom.[36] Außerdem muss eine Art Transparenzforderung seitens der KI in Bezug auf die Entscheidungsfindung gegeben sein. Bei selbstlernenden Systemen sind die Nachvollziehbarkeit der Entscheidungsfindung und deren zugrunde liegenden Annahmen nur schwer abbildbar. Die Basis der Entscheidungsfindung muss jedoch nachvollziehbar sein.[37]

Des Weiteren sind Maschinen und Roboter keine rechtliche Persönlichkeit, weshalb sich in allen genannten Beispielen auch die Frage nach der Haftung im Falle von Fehlern oder Beschädigungen stellt.

2.3 Zusammenfassung und Ableitung der Fragestellung

Der Begriff „künstliche Intelligenz" lässt sich schwer definieren, da bereits der Begriff „Intelligenz" schwer zu definieren ist. Das Ziel der KI besteht in der Nachbildung der kognitiven Fähigkeiten des Menschen bzw. dem Versuch menschliches Lernen und Denken auf einen Computer zu übertragen. Die Einsatzbereiche der KI sind vielfältig, wobei nicht jeder Einsatzbereich von der Gesellschaft einheitlich begrüßt wird. Es kommen insbesondere Diskussionen zu Fragestellungen im Bereich der Ethik und Moral von KI auf. Die Frage, in welchem Umfang KI-Systeme aktuell und in Zukunft die Gesellschaft verändern werden bezieht vor allem Fragen über die Verantwortlichkeiten, Vorteile und Gefahren ein. KI ist bereits heute in vielen Unternehmen und Alltagsbereichen allgegenwärtig, sei es Spracherkennung, Saugroboter oder Pflegeroboter. Die heutige Form der

---

[34] Vgl. Bendel (2014), S. 244.
[35] Vgl. Stubbe/ Wessels/ Zinke (2019), S. 242.
[36] Vgl. Akerkar (2019), S. 8.
[37] Vgl. Stubbe/ Wessels/ Zinke (2019), S. 241-242.

KI wird als schwache KI bezeichnet, da sie in der Lage ist, konkrete Anwendungsprobleme zu lösen und durch ständige Wiederholungen und Erfahrungen ihre Algorithmen zu optimieren. Sie ist demnach lernfähig und kann sich situationsbedingt anpassen. Die Form der starken KI, welche eine menschliche Denkweise annehmen kann, existiert zum aktuellen Zeitpunkt noch nicht. Damit Maschinen moralische Entscheidungen treffen können würde es einer Maschinenethik bedürfen, auf deren Grundlage eine Sensibilität für ethische Fragestellungen entwickelt werden könnte. Hier stellt sich jedoch die Frage, ob Maschinen überhaupt moralisch handeln können und sollen.

Der Begriff „Moral" meint die Einhaltung von Regeln und das Handeln nach bestimmten Werten und Normen für das Wohlbefinden der Gesellschaft. Moralisches Handeln ist für ein friedliches Zusammenleben innerhalb einer Gesellschaft notwendig. Die moralische Urteilsfähigkeit unterscheidet sich jedoch von Mensch zu Mensch und legt fest, ob das eigene Handeln als richtig oder falsch empfunden wird.

Auf Basis der Aspekte und Grundlagen des theoretischen Teils werden daher folgende Leitfragen abgeleitet. Sie bilden die Basis für die inhaltliche Analyse und Auswertung der Textquelle.

Frage 1: In welchen Bereichen und bis zu welchem Grad sollten Maschinen autonom Entscheidungen treffen dürfen?

Frage 2: Welche besonderen Fähigkeiten benötigen Maschinen, um moralisch handeln zu können?

Frage 3: Welche Chancen und Risiken bringt der Einsatz von moralischen Maschinen mit sich?

3. Methodischer Teil

In diesem Kapitel wird die Methode der qualitativen Datenauswertung zur Beantwortung der Forschungsfragen vorgestellt, wobei auch eine Begründung für die Wahl der Methode geliefert wird. Daneben wird die zu analysierende Textquelle vorgestellt und beschrieben.

3.1 Begründung und Beschreibung der angewandten Methode

Für die Analyse des unter Kapitel 3.2 dargestellten Textdokuments wird in dieser Arbeit die qualitative Forschungsmethode der Dokumentenanalyse angewendet. Eine Fallorientierung kann als gegeben angesehen werden, da das Textdokument von einer Expertin verfasst und in einer Fachzeitschrift veröffentlicht wurde. Das Ziel der qualitativen Inhaltsanalyse besteht darin, schriftlich fixierte Kommunikation oder Dokumente systematisch, regelgeleitet und theoriegeleitet zu analysieren, um Rückschlusse auf bestimmte Aspekte dieser zu ziehen.[38] Ein regelgeleitetes Vorgehen und eine Strukturierung einzelner Analyseschritte machen eine nachvollziehbare und transparente Analyse des Textes möglich, wodurch eine überprüfbare wissenschaftliche Fundierung erzielt wird. Bei der qualitativen Inhaltsanalyse steht vor allem die Kategorienbildung im Fokus, bei der für die Fragestellung wichtige inhaltliche Textteile einer Kategorie oder Subkategorie zugeordnet werden. Das vorliegende Textdokument wird dafür systematisch untersucht und mit Hilfe von Codierregeln eindeutig Zuordnungen zu Kategorien vorgenommen.[39]

Der Untersuchungsbereich kann als neuwertig kategorisiert werden, da die Erkenntnisse noch nicht als allgemeingültig betrachtet werden können und der Forschungsstand noch nicht weit fortgeschritten ist. Sich dem Forschungsgegenstand explorativ zu nähern, sowie die Tiefgründigkeit von qualitativer Forschung vor der Strukturierung der quantitativen Forschung vorzuziehen, ermöglicht es die im Vordergrund stehende Offenheit gegenüber neuen Erkenntnissen bei der Datenerhebung und Datenauswertung zu gewährleisten.[40]

3.2 Beschreibung des analysierten Textbeitrages

Für die Beantwortung der Leitfragen wurde als Textquelle der Artikel „Maschinenethik und „Artificial Morality": Können und sollen Maschinen moralisch handeln?" von Catrin Misselhorn, erschienen am 05. Februar 2018 in der Zeitschrift „Aus Politik und Zeitgeschichte" der Bundeszentrale für politische Bildung mit dem Titel „Künstliche Intelligenz" gewählt. Innerhalb dieser Ausgabe wird ausschließlich das Thema Künstliche Intelligenz von verschiedenen Autoren besprochen. Das Dokument ist in der Ausgabe 6-8/2018 des 68. Jahrgangs auf den Seiten 29-33 abgedruckt und umfasst ca. 20.000 Zeichen[41] Der

---

[38] Vgl. Mayring (2013), S. 13.
[39] Vgl. Mayring (2013), S. 13.
[40] Vgl. Kuckartz et al. (2008), S. 74.
[41] Hinweis: ohne Berücksichtigung von Literaturverweisen und Fußnoten.

Textbeitrag wurde in deutscher Sprache verfasst. Die Autorin Catrin Misselhorn ist als Direktorin des Instituts für Philosophie an der Universität Stuttgart tätig und leitet den Lehrstuhl für die Fachbereiche Wissenschaftstheorie und Technikphilosophie. Der Textbeitrag lässt sich in vier Abschnitte gliedern:

1. Abschnitt: Einleitung
Es wird auf die Bedeutung von Maschinenethik im Zusammenhang mit KI im Allgemeinen eingegangen und der Unterschied zwischen Artificial Intelligence (AI) und Artificial Morality (AM) erklärt.

2. Abschnitt: Mögliche Anwendungsbereiche
Es werden mögliche Anwendungsgebiete moralischer Maschinen aufgezeigt, sowie mögliche Hindernisse in Bezug auf moralische Entscheidungen in der Anwendung beschrieben.

3. Abschnitt: Moralisches Handeln von Maschinen
Es wird erläutert, was moralische Handlungsfähigkeit bedeutet. Dies wird kritisch auf Maschinen übertragen, wobei die Frage beantwortet werden soll, ob Maschinen überhaupt moralisch handeln können.

4. Abschnitt: Sollen Maschinen moralisch handeln?
Es werden Chancen und Risiken aufgezeigt, die bei moralisch handelnden Maschinen entstehen könnten. Eine klare Beantwortung der Frage findet jedoch nicht statt.

3.3 Ableitung des Kategorienschemas

Nachdem die Forschungsfragen erstellt wurden, folgt die Textarbeit am Untersuchungsdokument. Im ersten Schritt wurde der vorliegende Textbeitrag dafür zunächst detailliert gelesen und bearbeitet, wobei wichtige Textstellen markiert wurden. Im nächsten Schritt erfolgte die Entwicklung der thematischen Hauptkategorien, welche unter Berücksichtigung der theoretischen Grundlagen und Forschungsfragen deduktiv abgeleitet wurden. Daraus ergaben sich im Ergebnis die folgenden Hauptkategorien: „Mögliche Anwendungsgebiete", „Benötigte Fähigkeiten", „Chancen" und „Risiken". Es folgte im Anschluss eine erste Codierung des Textbeitrags, wobei die Textpassagen den Hauptkategorien zugeordnet wurden. Die codierten Textstellen wurden daraufhin sortiert, gruppiert und systematisch einer daraus gebildeten Subkategorie zugeordnet. Es handelt sich dabei um eine induktive Methode, bei der sich die Subkategorien direkt aus dem Textdokument ergeben haben. Im zweiten Codierprozess wurden die einzelnen codierten Textstellen den Subkategorien zugeteilt. Kleinere Anpassungen der Subkategorien wurden dabei ebenfalls vorgenommen. Das Kategorienschema mit seinen Haupt- und Subkategorien steht damit fest (siehe Tabelle 1). Im Anhang 1 wird das vollständige Kategorienschema samt einzelner Definitionen und Beispiel-Ankerzitaten dargestellt.

Nach der Ausarbeitung des Kategorienschemas erfolgt der letzte Analyseschritt. Bestenfalls erfolgt eine Auswertung der Subkategorien, jedoch wird wegen des begrenzten Umfangs dieser Hausarbeit darauf verzichtet. Stattdessen erfolgt eine kategorienbasierte Auswertung anhand der Hauptkategorien, bei der die Ergebnisse für jede Hauptkategorie mit Ankerzitaten belegt wird.[42]

1. Mögliche Anwendungsgebiete
1.1 Anwendungsbereich
1.2 Probleme
1.3 Einsatzgrund
2. Benötigte Fähigkeiten
2.1 Selbstursprünglichkeit
2.2 Gründe des Handelns
2.3 Moralische Urteilsfähigkeit
2.4 Freier Wille
3. Chancen
3.1 Ziele
3.2 Wissenschaftliche Erkenntnisse
3.3 Unvermeidbarkeit
3.4 Entscheidungsfindung
3.5 Vereinheitlichung von Moral
4. Risiken
4.1 Fehlendes situationsbedingtes Handeln
4.2 Übernahme von Verantwortung
4.3 Kontrollverlust
4.4 Ethische Grundlage

Tabelle 1: Vereinfachtes Kategorienschema (Haupt- und Subkategorien)[43]

---

[42] Vgl. Kuckartz (2016), S. 117.
[43] Eigene Darstellung

4. Ergebnisse

In diesem Kapitel werden die Ergebnisse der angewendeten strukturierten Inhaltsanalyse hinsichtlich der abgeleiteten Forschungsfragen dargestellt. Dabei werden zentrale Aussagen der einzelnen Hauptkategorien vorgestellt.

4.1 Ergebnisse zur Hauptkategorie 1 – Mögliche Anwendungsgebiete

Die erste Hauptkategorie „Mögliche Anwendungsgebiete" beschäftigt sich mit der Forschungsfrage eins, welche sich auf die Veränderungen in verschiedenen Anwendungsgebieten durch den Einsatz moralischer Maschinen bezieht. Eine detaillierte Analyse des Textdokumentes zeigt, dass sich je nach Anwendungsgebiet durchaus Veränderungen ergeben. Subkategorien sind der Anwendungsbereich, Probleme und der Einsatzgrund.

Der Einsatz von künstlicher Intelligenz bzw. moralischer Maschinen wird sich zukünftig in immer mehr Anwendungsgebieten ausbreiten. „Ein Anwendungsbereich für moralische Maschinen ist die Altenpflege…, um dem Pflegenotstand entgegenzutreten"[44], denn in Zukunft wird es immer mehr pflegebedürftige Menschen geben, während die Zahl der Pflegekräfte sinkt. Aus diesem Grund wird nach Lösungen und Alternativen gesucht, mit denen eine adäquate Pflege und Versorgung gewährleistet werden kann. Darüber hinaus findet sich KI auch vermehrt im Bereich der Automobilindustrie in Form des autonomen Fahrens wieder. Aber „Auch vollautomatisierte Fahrzeuge stehen vor moralischen Entscheidungen."[45], was die Branche vor einige Herausforderungen stellt. „So gilt es beispielsweise, diese so zu programmieren, dass in unvermeidlichen Gefahrensituationen der Schutz des menschlichen Lebens Vorrang vor Sach- und Tierschäden besitzt."[46] Ein weiteres und viel diskutiertes Anwendungsgebiet ist der Einsatz von KI im Militär. „In all diesen Situationen muss ein künstliches System zwischen bestimmten moralischen Werten abwägen"[47], weshalb in jedem Anwendungsgebiet das Risiko der moralischen Entscheidungsfindung entsteht. Dies wird besonders in Situationen problematisch, in denen Maschinen über Leben und Tod entscheiden müssen. Bei militärischen Einsätzen „…müssen sie entscheiden, wann eine Aktion militärisch notwendig und angemessen ist und wie sich Kombattanten von Zivilisten unterscheiden lassen."[48] Es sprechen aber Gründe für einen Einsatz moralischer Maschinen. „Aufgrund von Personalmangel, weil schnelle Entscheidungen von Nöten sind, weil die Einsatzsituationen zu

---

[44] Misselhorn (2018), S. 29, Abs. 4.
[45] Misselhorn (2018), S. 30, Abs. 2.
[46] Misselhorn (2018), S. 30, Abs. 2.
[47] Misselhorn (2018), S. 29, Abs. 5.
[48] Misselhorn (2018), S. 30. Abs. 3.

gefährlich sind oder weil menschliches Eingreifen selbst einen Risikofaktor darstellt."[49] Durch moralische Maschinen kann menschliches Personal ersetzt werden und somit frühzeitig auf Personalmangel reagiert werden. Und auch in militärischen Operationen besteht die Möglichkeit, „. dass keine Soldaten mehr auf dem Schlachtfeld ihr Leben aufs Spiel setzen müssen, sondern an ihrer Stelle autonome Maschinen in den Kampf geschickt werden."[50] Es besteht also die Hoffnung, dass der Einsatz von KI bzw. moralischen Maschinen in einigen Anwendungsgebieten klare Vorteile mit sich bringt und die Vorteile die Nachteile überwiegen.

4.2 Ergebnisse zur Hauptkategorie 2 – Benötigte Fähigkeiten

Die zweite Hauptkategorie „Benötigte Fähigkeiten" beschäftigt sich mit der Forschungsfrage zwei. Dabei gilt es zu klären, welche Fähigkeiten moralische Maschinen erfüllen sollten. Subkategorien sird Selbstursprünglichkeit, Gründe des Handelns, Moralische Urteilsfähigkeit und freier Wille.

Selbstursprünglichkeit kommt aus dem philosophischen Bereich und meint dort die Durchführung einer Handlung ohne vorhergehende Ursache.[51] In Bezug auf moralische Maschinen ist es besonders wichtig, dass die Maschine „mit der Umwelt interagiert (Interaktivität), dabei eine gewisse Anpassungsfähigkeit an sich ändernde Bedingungen aufweist (Adaptivität) und in der Lage ist, eine Aktivität ohne direkte menschliche Intervention aufzunehmen (basale Autonomie)."[52] Durch maschinelles Lernen könnten solche Systeme in der Lage sein, bestimmte moralische Verhaltensweisen einzig auf Basis der vorhandenen Daten zu adaptieren und würden somit die Fähigkeit der Selbstursprünglichkeit erfüllen. Ein weiterer Punkt stellt die Gründe des Handelns dar. „Ein künstliches System kann als funktional äquivalent zu einem menschlichen Akteur verstanden werden, wenn es über Zustände verfügt, denen eine analoge Funktion zukommt, wie Meinungen, Wünschen oder einer Intention beim Menschen."[53] Jede Handlung wird demnach auf Basis eines Wunsches oder einer Intention durchgeführt. Es gibt bereits Maschinen, die über eine BDI-Software (Belief – Desire - Intention) verfügen und damit in der Lage sind, äquivalent zu Meinungen, Wünschen und Intentionen zu handeln. Sie besitzen also die benötigte Fähigkeit aus Gründen zu Handeln.[54] Eine künstliche Intelligenz sollte außerdem über eine moralische Urteilsfähigkeit verfügen, um moralische

---

[49] Misselhorn (2018), S. 29, Abs. 3.
[50] Misselhorn (2018), S. 30, Abs. 3.
[51] Vgl. Misselhorn (2018), S. 30, Abs. 6.
[52] Misselhorn (2018), S. 31, Abs. 1.
[53] Misselhorn (2018), S. 31, Abs. 5.
[54] Vgl. Misselhorn (2018), S. 31, Abs. 5.

Entscheidungen treffen zu können, denn in einer Gesellschaft ist sie verantwortlich für ein funktionierendes Zusammenleben. „Moralische Handlungsfähigkeit wiederum liegt in einfacher Form vor, wenn die Gründe, nach denen ein System handelt, moralischer Natur sind."[55] Auf einer rudimentären Ebene sind Maschinen bereits in der Lage, moralisch zu handeln und auf dieser Basis Entscheidungen zu treffen. Eine moralische Handlungsfähigkeit wie sie ein Mensch besitzt, existiert bei Maschinen jedoch noch nicht. Denn der Einsatz von moralischen Maschinen ist in der Regel lediglich auf einen bestimmten Anwendungskontext beschränkt, während er beim Menschen jeden Bereich des Lebens umfassen kann.[56] Darüber hinaus können künstliche Systeme ihre getroffenen moralischen Entscheidungen weder reflektieren noch begründen. Aus diesen Gründen kann die benötigte Fähigkeit der moralischen Urteilsfähigkeit nicht als gegeben angesehen werden.[57] Maschinen besitzen außerdem keinen freien Willen, denn sie haben nicht „...die Möglichkeit, sich auch gegen eine als moralisch erkannte Handlungsoption zu entscheiden und unmoralisch zu handeln. Auch diese Fähigkeit besitzen künstliche Systeme bislang nicht und sollten sie zum Schutz des Nutzers auch nicht haben."[58] Daraus lässt sich schließen, dass unmoralische Entscheidungen einer Maschine verheerende und unkalkulierbare Folgen mit sich bringen kann, welche im schlimmsten Falle Menschenleben kosten könnten.

4.3 Ergebnisse zur Hauptkategorie 3 – Chancen

Die dritte Hauptkategorie „Chancen" beschäftigt sich mit der Forschungsfrage drei und zeigt positive Möglichkeiten und Chancen durch den Einsatz moralischer Maschinen auf. Die Subkategorien sind positive Auswirkungen, Wissenschaftliche Erkenntnisse, Unvermeidbarkeit, Entscheidungsfindung und Vereinheitlichung von Moral.

Der Einsatz von moralischen Maschinen kann positive Auswirkungen mit sich bringen. „Technologien sollen das menschliche Leben erleichtern. Moralische Maschinen dienen diesem Ziel besser, so könnte man argumentieren, weil sie menschlichen Bedürfnissen und Werten besser entsprechen."[59] Sie könnten im Alltag unterstützen und militärisch dem Schutz der Menschen dienen. Im Verkehr könnten autonome Fahrzeuge für eine erhöhte Sicherheit sorgen. In der Forschung werden sich durch moralische Maschinen wissenschaftliche Erkenntnisse erhofft. So zum Beispiel ob moralische Fähigkeiten in

---

[55] Misselhorn (2018), S. 31, Abs. 6.
[56] Vgl. Misselhorn (2018), S. 31, Abs. 6, 7.
[57] Vgl. Misselhorn (2018), S. 31, Abs. 2.
[58] Misselhorn (2018), S. 32, Abs. 1.
[59] Misselhorn (2018), S. 32, Abs. 4.

irgendeiner Form strukturiert werden können und damit vom Menschen auf Maschinen übertragen werden. „Zudem besteht die Hoffnung, dass der Versuch, künstliche Systeme mit moralischen Fähigkeiten zu konstruieren, auch Rückschlüsse darüber zulässt, wie moralische Fähigkeiten bei Menschen funktionieren."[60] Der technologische Fortschritt schreitet immer weiter voran, wovon auch der Bereich der künstlichen Intelligenz betroffen ist. Es wird verstärkt geforscht und neue Entwicklungen lassen sich nicht vermeiden. „Die Entwicklung zunehmend intelligenter und autonomer Technologien führt demnach zwangsläufig dazu, dass diese mit moralisch problematischen Situationen konfrontiert sind."[61] Daher kommt der moralischen Urteilsfähigkeit der Maschinen eine besondere Bedeutung zu, die in der Forschung und Entwicklung berücksichtigt werden muss. „Nicht zuletzt können sie in Sekundenbruchteilen Entscheidungen treffen, in denen ein Mensch gar nicht mehr zu bewusstem Entscheiden in der Lage ist."[62] In der Problematik, dass Menschen in stressigen Situationen oft impulsiv und unbewusst Entscheidungen treffen, ohne sich über potenzielle Konsequenzen Gedanken zu machen oder machen zu können, liegt eine weitere Chance der Maschinenethik. Maschinen sind frei von Emotionen und Stress, was ihnen die Möglichkeit verleiht rationalere und moralische Entscheidungen in schwierigen Situationen zu treffen. Als weitere Chance kann die Vereinheitlichung von Moral genannt werden, „Die Entwicklung künstlicher Systeme mit moralischen Fähigkeiten macht es erforderlich, die menschliche Moral (zumindest in den Anwendungsbereichen) zu vereinheitlichen und konsistent zu machen, weil künstliche Systeme nur auf dieser Grundlage operieren können."[63] Maschinenethik könnte dadurch menschliche moralische Widersprüche eliminieren. Dies funktioniert jedoch nur, wenn ein einheitliches und widerspruchsfreies Verständnis von Moral geschaffen wird.

4.4 Ergebnisse zur Hauptkategorie 4 – Risiken

Die vierte Hauptkategorie „Risiken" beschäftigt sich ebenfalls mit der Beantwortung der Forschungsfrage drei und zeigt die Risiken in Verbindung mit dem Einsatz moralischer Maschinen auf. Als Subkategorien ergaben sich Fehlendes situationsbedingtes Handeln, Übernahme von Verantwortung, Kontrollverlust und ethische Grundlage.

Menschen handeln situationsbedingt und intuitiv, sie können ihre Entscheidungsfreiheit nutzen, um sich situativ zwischen mehreren Optionen zu entscheiden. Maschinen können dies nicht. Sie verfügen über keine Entscheidungsfreiheit und können nicht situativ

---

[60] Misselhorn (2018), S. 32, Abs. 6.
[61] Misselhorn (2018), S. 32, Abs. 3.
[62] Misselhorn (2018), S. 32, Abs. 5.
[63] Misselhorn (2018), S. 32, Abs. 6.

entscheiden, denn ihr Handeln wird im Voraus festgelegt. „Ein Mensch hätte die Freiheit, dies situativ zu entscheiden. Doch das Verhalten eines autonomen Systems ist im Vorhinein festgelegt"[64] Ein weiteres Risiko ergibt sich aus der Frage der Übernahme der Verantwortung. „So ist zu befürchten, dass sich moralisch problematische Vorfälle häufig nicht auf eine einzige Handlung oder Entscheidung zurückführen lassen, sondern Ergebnis vieler ineinandergreifender Handlungen und Entscheidungen sein werden, an denen unterschiedliche Akteure beteiligt sind."[65] An der Entwicklung moralischer Maschinen sind mehrere Personen beteiligt, weshalb sich die Verantwortung im Nachhinein schwer auf einzelne Personen übertragen lässt. Insbesondere in komplexen Bereichen, wie beispielsweise dem autonomen Fahren, kann dadurch eine Verantwortungslücke entstehen.[66] Auch ein möglicher Kontrollverlust stellt ein nicht zu unterschätzendes Risiko dar. Moralische Maschinen könnten sich so weit entwickeln, dass sie autonom agieren und somit Entscheidungen treffen, die nicht vorhersehbar werden. Dem Menschen würde dadurch die direkte Kontrolle über Entscheidungen entzogen werden und er wäre damit einer unkontrollierbaren Technologie ausgesetzt.[67] Weiterhin zu erwähnen ist das Risiko der ethischen Grundlage. Ethische und moralische Überzeugungen sind von Mensch zu Mensch unterschiedlich und von verschiedenen Faktoren, wie bspw. dem Herkunftsland oder dem kulturellen Hintergrund abhängig. Es stellt sich daher die Frage, auf welcher Grundlage eine Maschinenethik entwickelt werden kann, wenn es keine einheitliche Definition für Moral gibt. „Offen bleibt, auf welcher ethischen Grundlage künstliche Systeme entscheiden sollten."[68] Mit dieser Frage beschäftigt sich aktuell die Forschung. Eine Antwort konnte darauf bislang noch nicht gefunden werden.

5. Kritische Diskussion

Auf Basis der vorliegenden Ergebnisse sollten die Forschungsfragen aus Kapitel 2.3 beantwortet werden: „In welchen Bereichen und bis zu welchem Grad sollten Maschinen autonom Entscheidungen treffen dürfen?" „Welche besonderen Fähigkeiten benötigen Maschinen, um moralisch handeln zu können?" und „Welche Chancen und Risiken bringt der Einsatz von moralischen Maschinen mit sich?". Dazu wurde ein Bezug zum theoretischen Teil hergestellt und geprüft, inwiefern die Ergebnisse praxisrelevant sind.

---

[64] Misselhorn (2018), S. 33, Abs. 2.
[65] Misselhorn (2018), S. 33, Abs. 3.
[66] Vgl. Misselhorn (2018), S. 33, Abs. 5.
[67] Vgl. Misselhorn (2018), S. 33, Abs. 4.
[68] Misselhorn (2018), S. 33, Abs. 6.

Es kann festgehalten werden, dass das Thema künstliche Intelligenz und moralische Maschinen ein aktuelles und relevantes Thema ist. In der Dokumentenanalyse zeigte sich, dass sich die Wissenschaft und Forschung intensiv mit damit auseinandersetzt und dabei insbesondere die Problematik der Moral untersucht. Moralische Maschinen können in verschiedensten Bereichen zum Einsatz kommen und menschliches Verhalten nachahmen. So kann sie beispielsweise Pflegepersonal oder den Fahrer eines Fahrzeuges ersetzen. Die Gründe für den Einsatz moralischer Maschinen sind dabei vielseitig. Mit dem Vorhandensein einer Maschinenethik wären Maschinen in der Lage autonomer zu handeln.

Damit Maschinen jedoch moralisch handeln können, benötigen sie besondere Fähigkeiten. Darunter zählen die Selbstursprünglichkeit, das Handeln auf Basis von Gründen, ein freier Wille und eine moralische Urteilsfähigkeit. Im Vergleich zum Menschen ist die moralische Urteilsfähigkeit bei Maschinen in einem festgelegten Anwendungskontext zu sehen. Außerdem können Maschinen ihr Handeln nicht reflektieren oder situativ Entscheidungen treffen.

Wie sich dem analysierten Text entnehmen lässt, sind die Chancen und Risiken bei einem Einsatz moralischer Maschinen relativ ausgeglichen. Die Maschinenethik soll dafür sorgen, dass Maschinen eigenständig sinnvolle Entscheidungen treffen können und damit positiv auf das Leben einwirken. Dabei spielt die Adaption von moralischer Funktionalität des Menschen auf Maschinen eine wesentliche Rolle. Und auch eine einheitliche Definition von Moral wäre notwendig, damit menschliche Handlungen nicht subjektiv als „moralisch" und „unmoralisch" eingeordnet werden.

Die Risiken liegen insbesondere in der Entscheidungsfindung. Maschinen können nach aktuellem Stand noch nicht situationsbedingt handeln und Entscheiden. Allerdings ist genau das bei einer moralischen Entwicklung notwendig. Der Mensch unterliegt der Entscheidungsfreiheit, die Maschine nicht. Auch stellt sich die Frage, nach welcher ethischen Grundlage Maschinen entscheiden sollen. Abhängig vom Anwendungsgebiet müssten hierfür allgemeingültige und verbindliche Regelungen festgehalten werden.

Es lässt sich ableiten, dass Maschinen zwar bereits über eine moralische Urteilsfähigkeit verfügen können und diese auch sinnvoll einsetzen können, jedoch kann die Forschung zum aktuellen Stand noch keine vielversprechenden Ergebnisse liefern. Das analysierte Dokument bestätigt die dargelegten theoretischen Grundlagen. Es ist außerdem zu erwähnen, dass moralische Urteilsfähigkeit einer subjektiven Einschätzung unterliegt, was in dem Textdokument mehrfach kritisch aufgezeigt wird. Es werden ferner Beispiele genannt, wieso dieses subjektive Einschätzungsvermögen bei Maschinen nicht möglich ist. Trotz alledem hat die Forschung großes Interesse an der Entwicklung einer Maschinenethik, weshalb davon auszugehen ist, dass künstliche Systeme irgendwann eine Form von moralischer Urteilsfähigkeit besitzen werden.

Die vorliegende Arbeit wird außerdem auf die Einhaltung der Gütekriterien der qualitativen Forschung kritisch reflektiert. Im Gegensatz zur qualitativen Forschung mit den festen Gütekriterien Reliabilität, Validität und Objektivität, herrscht noch Unklarheit darüber, ob diese Kriterien auch genauso für die qualitative Forschung gelten.[69] Die Autoren Lincoln und Guba haben Gütekriterien für die qualitative Forschung, in Anlehnung an die quantitativen Gütekriterien entwickelt. Die Reliabilität ist dabei mit der Verlässlichkeit gleichzusetzen. Reliabilität prüft, ob die Untersuchung auch bei mehrfachen Wiederholungen die gleichen Ergebnisse liefert. Verlässlichkeit prüft die Konsistenz der Klassifizierung der analysierten Texteinheit bezüglich der gewählten Kategorien und dabei abhängig von der korrekten Anwendung, Genauigkeit und Widerspruchsfreiheit des Codierleitfadens.[70] Die angewendete Methodik orientiert sich an der strukturierten Inhaltsanalyse nach Kuckartz, wobei das beschriebene Ablaufschema Schritt für Schritt durchgeführt wurde. Eine Verlässlichkeit des Vorgehens wurde damit bestärkt. Eine noch höhere Verlässlichkeit hätte erreicht werden können, indem weitere Personen Untersuchungen angestellt hätten und Experten das Kategorienschema hinsichtlich seiner Eignung überprüft hätten. Eine derartige Prüfung würde auch das Gütekriterium der Nachvollziehbarkeit bestärken. Die Nachvollziehbarkeit steht äquivalent für die Objektivität, die die Ergebnisse auf ihre Plausibilität untersucht. Das heißt, Quellen zu den Daten müssen zurückzuverfolgen sein und Argumentationen müssen nachvollziehbar sein.[71] Die vorliegende Arbeit baut auf transparenten Quellen auf und wurde mit Ankerzitaten belegt. Das letzte Gütekriterium Glaubwürdigkeit ist mit der internen Validität gleichzusetzen. Die Glaubwürdigkeit prüft die Ergebnisse und Interpretationen der Forschung auf Vertrauenswürdigkeit.[72] Doch auch wenn alle o.g. Gütekriterien erfüllt sind, bedeutet dies noch nicht, dass die Ergebnisse auch übertragbar und allgemeingültig sind. Daher lässt sich ergänzend noch die Übertragbarkeit und Verallgemeinerung als Äquivalent der externen Validität nennen.[73] In diesem Zusammenhang ist jedoch kritisch anzumerken, dass nur ein Textbeitrag eines Autors analysiert wurde, der darüber hinaus aus dem

---

[69] Vgl. Kuckartz (2016), S. 201-202.
[70] Vgl. Ornau (2014), S. 74.
[71] Vgl. Ornau (2014), S. 75.
[72] Vgl. Ornau (2014), S. 76.
[73] Vgl. Ornau (2014), S. 77.

Jahre 2018 stammt. Da das Thema einem ständigen Wandel unterliegt und der Text bereits etwa vier Jahre alt ist, ist die effektive Aktualität der Analyse zu hinterfragen. Es ist daher ratsam, weitere inhaltsanalytische Forschungen auf Basis neuester Erkenntnisse durchzuführen, um eine Übertragbarkeit zu gewährleisten. Zusammenfassend kann festgehalten werden, dass die durchgeführte Dokumentenanalyse den Gütekriterien qualitativer Forschungen überwiegend entspricht, jedoch weitere Forschungen als notwendig anzusehen sind, um die Ergebnisse zu bestärken und verallgemeinern zu können.

6. Fazit und Ausblick

Die Analyse verdeutlicht, dass die Forschung im Bereich der künstlichen Intelligenz immer wichtiger wird und mehr Aufmerksamkeit erhält. Dabei ist jedoch der Aspekt der Maschinenethik von besonderer Bedeutung und darf nicht vernachlässigt werden. Besonders die Anwendungsgebiete Pflege oder Automobilindustrie können von moralischen Maschinen profitieren, da sie existierende Probleme angehen und die Sicherheit erhöhen können. So kann in der Pflege der Personalmangel mit solchen Systemen angegangen werden und in der Automobilindustrie können durch autonome Systeme die Straßen sicherer gemacht werden, da der Risikofaktor Mensch zu einem Teil eliminiert wird. Auch könnten künstliche Systeme den Alltag durch ihre Funktionen erleichtern. Jedoch stehen all den positiven Möglichkeiten auch Risiken gegenüber, welche beachtet werden müssen. Ein besonderes Risiko betrifft das situationsbedingte Handeln. Dies meint, dass eine Maschine z.B. in einer Straßenverkehrssituation entscheiden muss, ob sie das Leben der Insassen opfern soll, um auf der Straße spielende Kinder zu retten oder umgekehrt. Während ein Mensch hier zwischen verschiedenen Optionen entscheiden kann, ist dies einer Maschine verwehrt. Deshalb beschäftigt sich die Forschung insbesondere mit derartigen Dilemma Situationen, welche eine große Herausforderung darstellen.

Die vorliegende Arbeit konnte wesentliche Erkenntnisse darüber liefern, ob Maschinen überhaupt dazu in der Lage sind, moralische Entscheidungen zu treffen und wie diesbezüglich der aktuell Stand der Forschung ist. Die Thematik trifft den Zahn der Zeit, denn die Forschung im Bereich der KI wird immer stärker gefördert und wird wichtiger als je zuvor. Auch der Umgang mit solchen Systemen kommt im Alltag bereits heute häufig in Form von Sprachassistenten und Fahrassistenzsystemen vor. Weitere Studien und Untersuchungen werden jedoch zu den o.g. Fragestellungen benötigt. Chancen und

Risiken müssen abgewogen, Verantwortungslücken geschlossen und ein Kontrollverlust vermieden werden. Und auch eine einheitliche und Widerspruchsfreie ethische Grundlage muss festgelegt werden, damit moralische Maschinen überhaupt sinnvoll eingesetzt werden können.

Anhang

Anlage 1

Hauptkategorie 1: Mögliche Anwendungsgebiete		
Subkategorie	*Definition*	*Beispiel Ankerzitat*
Anwendungsgebiet	Beeinhaltet den Bereich in dem moralische Maschinen eingesetzt werden können	"Ein Anwendungsbereich für moralische Maschinen ist die Altenpflege" (S. 29, Abs. 4)
Probleme	Beschreibt die Probleme die mit dem Einsatz verbunden sind	"In all diesen Situationen muss ein künstliches System zwischen bestimmten moralischen Werten abwägen:..." S. 29, Abs. 5)
Einsatzgrund	Gründe für den Einsatz von KI	"...aufgrund von Personalmangel, weil schnelle Entscheidungen von Nöten sind, weil die Einsatzsituationen zu gefährlich sind oder weil menschliches Eingreifen selbst einen Risikofaktor darstellt." (S. 29, Abs. 3)
Hauptkategorie 2: Benötigte Fähigkeiten		
Subkategorie	*Definition*	*Beispiel Ankerzitat*
Selbstursprünglichkeit	Beschreibt das unabhängige und unvorhergesehene Handeln durch Interaktion und Adaption	"...wenn ein System mit der Umwelt interagiert (Interaktivität), dabei eine gewisse Anpassungsfähigkeit an sich ändernde Bedingungen aufweist (Adaptivität) und in der Lage ist, eine Aktivität ohne direkte menschliche Intervention aufzunehmen (basale Autonomie)" (S. 31, Abs. 1)
Gründe des Handelns	Beschreibt die Fähigkeit aus Gründen, Wünschen und Intentionen zu handeln	"Ein künstliches System kann als funktional äquivalent zu einem menschlichen Akteur verstanden werden, wenn es über Zustände verfügt, denen eine analoge Funktion zukommt, wie Meinungen, Wünschen und Intentionen beim Menschen" (S. 31, Abs. 5)
Moralische Urteilsfähigkeit	Beschreibt die Fähigkeit, moralische Entscheidungen treffen zu können	"Moralische Handlungsfähigkeit wiederum liegt in einfacher Form vor, wenn die Gründe nach denen ein System handelt, moralischer Natur sind" (S. 31, Abs. 6)
Freier Wille	Beschreibt die Fähigkeit Entscheidungen bewusst und nach eigenem Willen treffen zu können	"Willensfreiheit eröffnet die Möglichkeit, sich auch gegen eine als moralisch erkannte Handlungsoption zu entscheiden und unmoralisch zu handeln." (S. 32, Abs. 1)

Hauptkategorie 3: Chancen		
Subkategorie	**Definition**	**Beispiel Ankerzitat**
Ziele	Umfasst in diesem Fall die positiven Ziele moralischer Maschinen	"Technologien sollen das menschliche Leben erleichtern. Moralische Maschinen dienen diesem Ziel besser, so könnte man argumentieren, weil sie menschlichen Bedürfnissen und Werten besser entsprechen" (S. 32, Abs. 4)
Wissenschaftliche Erkenntnisse	Beschreibt mögliche wissenschaftliche Erkenntnisse im Zusammenhang mit dem Einsatz moralischer Maschinen	"Zudem besteht die Hoffnung, dass der Versuch, künstliche Systeme mit moralischen Fähigkeiten zu konstruieren, auch Rückschlüsse darüber zulässt, wie moralische Fähigkeiten bei Menschen funktionieren." (S. 32, Abs. 6)
Unvermeidbarkeit	Beschreibt Gründe, die einen Einsatz von moralischen Maschinen unvermeidbar machen könnten	"Die Entwicklung zunehmend intelligenter und autonomer Technologien führt demnach zwangsläufig dazu, dass diese mit moralisch problematischen Situationen konfrontiert sind." (S. 32, Abs. 3)
Entscheidungsfindung	Zeigt Vorteile in der rationalen Entscheidungsfindung von moralischen Maschinen gegenüber Menschen	"Nicht zuletzt können sie in Sekundenbruchteilen Entscheidungen treffen, in denen ein Mensch gar nicht mehr zu bewusstem Entscheiden in der Lage ist." (S. 32, Abs. 5)
Vereinheitlichung von Moral	Beschreibt die Chancen, inwiefern Moral durch den Einsatz von KI und Maschinenethik vereinheitlicht werden kann	"Die Entwicklung künstlicher Systeme mit moralischen Fähigkeiten macht es erforderlich, die menschliche Moral (zumindest in den Anwendungsbereichen) zu vereinheitlichen und konsistent zu machen, weil künstliche Systeme nur auf dieser Grundlage operieren können." (S. 32, Abs. 6)

Hauptkategorie 4: Risiken		
Subkategorie	*Definition*	*Beispiel Ankerzitat*
Fehlendes situationsbedingtes Handeln	Beschreibt Risiken, die durch fehlendes situatonsbedingtes Handeln entstehen können	"Ein Mensch hätte die Freiheit, dies situativ zu entscheiden. Doch das Verhalten eines autonomen Systems ist im Vorhinein festgelegt." (S. 33, Abs. 2)
Übernahme von Verantwortung	Zeigt Risiken die im Falle von moralisch problematischen Vorfällen auftreten können	"So ist zu befürchten, dass sich moralisch problematische Vorfälle häufig nicht auf eine einzige Handlung oder Entscheidung zurückführen lassen, sondern Ergebnis vieler ineinandergreifender Handlungen und Entscheidungen sein werden, an denen unterschiedliche Akteure beteiligt sind." (S. 33, Abs. 3)
Kontrollverlust	Zeigt das Risiko eines Kontrollverlustes moralischer Maschinen	"Dadurch erhöht sich das Risiko, dass Maschinen zu Entscheidungen kommen, die niemand beabsichtigt oder vorhergesehen hat und über die niemand direkte Kontrolle besitzt." (S. 33, Abs. 4)
Ethische Grundlage	Zeigt die Unklarheit über die ethische Entscheidungsgrundlage	"Offen bleibt, auf welcher ethischen Grundlage künstliche Systeme entscheiden sollten." (S. 33, Abs. 6)

Literaturverzeichnis

Akerkar, R. (2019). *Artificial Intelligence for Business*. Basel.

Allen, C., Smit, I., & Wallach, W. (2005). *Artificial Morality: Top-down, Bottom-up, and Hybrid Approaches, Ethics and Information Technology 7. Jg., Nr. 3, S. 149-155.*

Buxmann, P. (2019). *Künstliche Intelligenz. Mit Algorithmen zum wirtschaftlichen Erfolg.* Berlin; Heidelberg.

Buxmann, P., & Schmidt, H. (2018). *Künstliche Intelligenz*. Berlin; Heidelberg.

Enste, D. H., & Wildner, J. (2015). *Mensch und Moral.* Köln.

Fenner, D. (2020). *Ethik (2. Auflage).* Tübingen.

Gentsch, P. (2019). *Künstliche Intelligenz für Sales, Marketing und Service (2. Auflage).*

Gerrig, R. J., Graf, R., & Zimbardo, P. G. (2013). *Psychologie (18. Auflage).* München.

Gurkaynak, G., Yilmaz, I., & Haksever, G. (2016). Stifling artificial intelligence: Human perils. *Computer Law & Security Review 32,* 749-758.

Hesseler, M. (2011). *Unternehmensethik und Consulting: Berufsmoral für professionelle Beratungsprojekte.* Berlin.

Horster, D. (2007). *Moralentwicklung von Kindern und Jugendlichen.* Wiesbaden.

Kaplan, J. (2017). *Künstliche Intelligenz: Eine Einführung.* Frechen.

Kuckartz, U. (2016). *Qualitative Inhaltsanalyse. Methoden, Praxis, Computerstützung.*

Kuckartz, U., Dresing, T., Rädiker, S., & Stefer, C. (2008). *Qualitative Evaluation: Der Einstieg in die Praxis (2. Auflage).* Wiesbaden.

Lämmel, U., & Cleve, J. (2012). *Künstliche Intelligenz (4. Auflage).* München.

Mainzer, K. (2016). *Künstliche Intelligenz - Wann übernehmen die Maschinen?* Berlin; Heidelberg.

Mainzer, K. (2019). *Künstliche Intelligenz - Wann übernehmen die Maschinen?* Berlin; Heidelberg.

Mayring, P. (2015). *Qualitative Inhaltsanalyse. Grundlagen und Techniken (12. Auflage).* Weinheim.

Misselhorn, C. (2018). Maschinenethik und "Artificial Morality": Können und sollen Maschinen moralisch handeln? *Politik und Zeitgeschichte 68. Jg., 6-8,* S. 29-33.

Ornau, F. (2014). *Inhaltsanalyse. Studienbrief der SRH Fernhochschule.* Riedlingen.

Pauer-Studer, H. (2020). *Einführung in die Ethik (3. Auflage)*. Stuttgart.

Rich, E., & K Knight, S. N. (2019). *Artificial intelligence* . New York.

Scarcello, F. (2019). Artificial Intelligence. *Encyclopedia of Bioinformatics and Computational Biology: Elsevier*, 287-293.

Stern, E., & Neubauer, A. (2013). *Intelligenz - Große Unterschiede und ihre Folgen (2. Auflage)*. München.

Stubbe, J., Wessels, J., & Zinke, G. (2019). Neue Intelligenz, neue Ethik? In V. Wittpahl, *Künstliche Intelligenz* (S. 239-244). Heidelberg; Berlin.

Wang, P. (2007). The Logic of Intelligence . In B. Goertzel, & C. Pennachin, *Artificial General Intelligence* (S. 31-62). Berlin; Heidelberg.

Internetquellen

Bendel, O. (2014): Wirtschaftliche und technische Implikationen der Maschinenethik. https://www.oliverbendel.net/publikationen/Implikationen_Maschinenethik_DBW_Published_Version.pdf, abgerufen am 07.06.2022.

Bitkom (2017): Künstliche Intelligenz: Wirtschaftliche Bedeutung, gesellschaftliche Herausforderungen, menschliche Verantwortung. https://www.dfki.de/fileadmin/user_upload/import/9744_171012-KI-Gipfelpapier-online.pdf, abgerufen am 06.06.2022.

Bitkom (2018): Künstliche Intelligenz: Von der Strategie zum Handeln. https://www.bitkom.org/sites/default/files/2018-12/Bitkom%20Charts%20Künstliche%20Intelligenz%2005%2012%202018_final.pdf, abgerufen am 06.06.2022.

Bundesministerium für Bildung und Forschung (2022): Künstliche Intelligenz. https://www.bmbf.de/bmbf/de/forschung/digitale-wirtschaft-und-gesellschaft/kuenstliche-intelligenz/kuenstliche-intelligenz_node.html, abgerufen am 06.06.2022.

Duden (2022): Moral. https://www.duden.de/rechtschreibung/Moral, abgerufen am 07.06.2022.

Luber, S. (2016): Was ist Machine Learning?. https://www.bigdata-insider.de/was-ist-machine-learning-a-592092/, abgerufen am 06.06.2022.

Manhart, K. (2022): Eine kleine Geschichte der künstlichen Intelligenz. https://www.computerwoche.de/a/eine-kleine-geschichte-der-kuenstlichen-intelligenz,3330537, abgerufen am 06.06.2022.

Misselhorn, C. (2019): „Artificial Morality" – Möglichkeiten und Grenzen der Maschinenethik. https://www.kas.de/documents/258927/7504706/31_Misselhorn.pdf/a6a1a506-d74b-7977-dce1-f54b68895e82?t=1573037632219, abgerufen am 07.06.2022.

Scherk, J.; Pöchhacker-Tröscher, G.; Wagner, K. (2017): Künstliche Intelligenz – Artificial Intelligence.
https://www.google.de/url?sa=t&rct=j&q=&esrc=s&source=web&cd=&cad=rja&uact=8&ved=2ahUKEwjyntHZrZj4AhWJD-wKHV-jDcsQFnoECBMQAQ&url=https%3A%2F%2Fwww.bmk.gv.at%2Fdam%2Fjcr%3A32e07784-1825-4441-880f-39b67cf8fc4b%2Fkuenstliche_intelligenz.pdf&usg=AOvVaw21T-TvPAU1iIg58UaRW4FK, abgerufen am 06.06.2022.